Das Flunkie

Etwas ist immer

oder Erziehung ist was für Hunde

Alle erwähnten Katzen und Kater sind echt. Die Menschen auch, aber Charlie war so rücksichtsvoll, ihre Namen zu ändern und einige Schauplätze leicht zu verfremden. Ausserdem kann nicht ausgeschlossen werden, dass er ab und zu etwas übertrieben hat. Da kann man aber nix machen, er ist eben ein Kater.

Das Flunkie möchte sich ganz herzlich bei Christiane Steinwascher für ihre ausgezeichnete Lektoratsarbeit bedanken. Alle verbliebenen grammatikalischen Tiefflüge gehen auf das Konto von Charlie.

Bibliografische Information der Deutschen Nationalbibliothek:
Die Deutsche Nationalbibliothek verzeichnet diese Publikation in der Deutschen Nationalbibliografie; detaillierte bibliografische Daten sind im Internet über http://dnb.dnb.de abrufbar.

Fotos: **Das Flunkie und das Berti**
Lektorat: **Christiane Steinwascher**

© 2013 Das Flunkie

Herstellung und Verlag: BoD – Books on Demand, Norderstedt

ISBN: 978-3-7322-8205-0

Für Bounce und Emma

Inhaltsverzeichnis

	Vorwort oder Bücher, die die Welt nicht braucht	7
	Guten Morgen oder Noch ein Vorwort	9
1.	Etwas ist immer oder Erziehung ist was für Hunde	11
2.	¿qué? oder Die Ankunft des Spanischlehrers	21
3.	Frühling oder Ostdeutsche Kuhkatzen	26
4.	Es regnet oder Es regnet schon wieder	29
5.	Fussball oder Uns ist alles Wurst(i)	33
6.	Ich will keinen Seniorenteller oder Wer ist hier alt?	36
7.	Catastrophen oder Schuld sind immer die anderen	39
8.	Antrag mit Katze oder Soziales Arbeiten	43
9.	Kopierer oder Und was machen *Ihre* Kinder?	46
10.	Schwierige Berufswahl oder Beim Tierarzt	48
11.	Hilfe, Hilfe, Polizei! oder Unterwegs	52
12.	Das Letzte oder Auf nach Walhalla	54
	Nachwort oder Danke!	57

Vorwort oder Bücher, die die Welt nicht braucht

"Ich schreib jetzt ein Buch", hab ich gesagt.

"Findest du nicht, dass unsere Gesellschaft schon genug Probleme hat?" fragte das Lorchen, und das Brummie tat so, als müsse sie sich übergeben. Agatha sagte gar nix, weil sie mit dem Kopf mal wieder in der Tüte mit dem Trockenfutter feststeckte.

"Wieso? Ist doch ganz witzig, was hier so alles läuft", hab ich gesagt. "Das lesen die Leute doch sicher gerne."

Das Lorchen hat sich auf ihren dicken Poppes gesetzt und die Nase gerümpft.

"Es gibt drei Sorten von Büchern, die die Welt nicht braucht: Niedliche Hundegeschichten, niedliche Katzengeschichten, und egal was mit Vampiren."

"Wir sind nicht niedlich", sagte ich. "Und Vampire schon gar nicht. Naja, der Alfie vielleicht, aber er glitzert wenigstens nicht."

"Ich bin aber schon niedlich", hat der Knopf protestiert. "Das hat sogar die Tierärztin gesagt!"

Das stimmt ja nun nur bedingt; die Frau Doktor hatte den Knopf damals nämlich angeguckt und gesagt, ja, der ist wirklich niedlich, aber man sieht auf den ersten Blick, dass er komplett plemplem ist. Aber das erzähl ich ein anderes Mal.

Aber es stimmt schon, niedlich bin ich nicht. Mir fehlt ein Bein, ein Auge und ziemlich taub bin ich auch schon. Ich bin nämlich ein Kater in den besten Jahren oder, wie der Knopf immer sagt, ein alter Sack. Damit ist schon alles über den Knopf gesagt, was man über ihn wissen muss.

Ich hab dann das Flunkie gefragt, was sie von meiner Idee hält. Das Flunkie sorgt hier für Ordnung, Catering und Schmoopies, zahlt die Miete und den Tierarzt und holt die Agatha aus Tüten und Schubladen raus. In unseren Impfpässen hat sie überall "Besitzerin" durchgestrichen und "Mitbewohnerin" hingeschrieben, und damit ist schon alles über das Flunkie gesagt, was man wissen muss.

"Flunkie, ich will ein Buch schreiben", hab ich gesagt.

"Gute Idee", hat das Flunkie gesagt. "Solange du schreibst, strullst du wenigstens nicht in meine Blumentöpfe."

Na also.

Guten Morgen oder Noch ein Vorwort

05.50 Uhr: Infernalisches Geheul aus dem Wohnzimmer; Agatha ist wieder am Brummie-Ärgern. Springe aus dem Bett, um das Sensibelchen zu retten, rutsche fast auf einem Reiherseelein aus und stelle dann fest, dass das Brummie gar nicht in Gefahr ist. Ihr passt nur nicht, dass Agatha hinter dem gleichen Falter her ist wie sie.

05.55 Uhr: Falter wird gerettet, Reiherchen weggewischt.

06.00 Uhr: Irgendeiner hat's geschafft, über den Rand der Klos im Wintergarten und unter die Vliesvorlagen zu strullen. Alles wegräumen, aufwischen, neue Unterlagen hinlegen. Charlie guckt schuldig.

06.10 Uhr: Oh, im Gang hat auch einer unter die Vorlage gestrullt! Wie schön. Oskar verschwindet verdächtig schnell. Gleiches Prozedere wie oben.

06.20 Uhr: Der Wecker klingelt. Hole Lorchen aus der Abfalltüte und Agatha aus dem Vorratsschrank. Saubären! Alles wieder einräumen, Blick aufs Klo, aber ja doch, auch hier alles daneben.

06.40 Uhr: Nachdem Agatha mich jetzt lange genug beim Kaffeemachen beobachtet hat, wollte sie es nun wohl selber versuchen. Das Wasser aus dem Tank hat den Tisch überflutet und ist unter die Kaffeedose gelaufen. Resultat: resistenter Rostfleck auf dem Tisch. Suche die Kaffeekapseln in der Wohnung zusammen und dusche Agatha kurz ab, die wie ein frischgebrühter Espresso riecht.

06.50 Uhr: Räume Klos. Stelle fest, dass Alfie zusammen mit seinem chronischen Schnupfen bei mir auf dem Kopfkissen geschlafen haben muss. Also unplanmässiges Haarewaschen zwecks Entrotzung.

07.10 Uhr: Knopf hat im Plastikrausch die feuchten Toilettentücher komplett perforiert. Jetzt sind sie nicht mehr feucht und er duftet nach

Kamille. Sehr hilfreich. Er hat auch das Vogelfutter entdeckt. Leise rieselt der Sonnenblumenkern...

07.15 Uhr: Setze Kleinanzeige in die Zeitung. Tausche Katzen gegen Hamster.

1. Etwas ist immer oder Erziehung ist was für Hunde

"Etwas ist immer", hat das Flunkie geseufzt, als Agatha die beiden Vasen vom Schrank schmiss. "Ihr seid keine Katzen, sondern ein Zustand. Das ist hier das reinste Irrenhaus."

Das Brummie hat gesagt, das sei a) grammatikalisch fragwürdig und b) gar nicht wahr. Es handle sich hier eher um eine sozialpädagogische Wohngruppe für aussergewöhnliche Katzen, aber das mit den zerdepperten Vasen sei allerdings ein Zustand, und zwar ein ständiger, und es solle bitte jetzt mal jemand der Agatha erklären, dass sie kein Talent zur Innendekorateurin hat.

Das Lorchen hat die Nase gerümpft und gesagt, das käme daher, weil wir, natürlich mit Ausnahme von ihr, alle ganz furchtbar schlecht erzogen wären. Der Knopf hat sie schief angeguckt und gesagt, das sei gar nicht wahr. Und da hat er auch vollkommen Recht; wir sind nämlich weder gut noch schlecht erzogen, sondern gar nicht. Erziehung ist was für Hunde.

Während das Flunkie die Scherben wegräumt und schimpft, kann ich uns ja mal kurz vorstellen. Also, das ist der Oskar.

Oskar wohnt in der Wohnung über uns, und eigentlich gehört er nicht dazu, irgendwie aber doch. Knopf sagt immer, Oskar sei neurotisch, aber Oskar sagt, er sei nur sicherheitsbewusst, und heutzutage könne man nie vorsichtig genug sein. Da hat er ja nun irgendwie Recht, aber trotzdem finde ich's übertrieben, dass er jeden Besucher erst bei Google und Fratzenbuch auf mögliche Sicherheitsproblematiken checkt. Und die Sache mit den elektronischen Pfotenabdrücken... naja, ich weiss nicht. Knopf sagt, Oskar wäre mal beim ungarischen Geheimdienst gewesen, aber der Knopf erzählt viel, wenn der Tag lang ist.

Und ich, ich bin der Charlie.

Die Tierärztin hat gesagt, ich würde Zeichen von Senilität zeigen, aber der Knopf sagt, das könne nicht sein, ich sei schon immer so ein sturer Esel gewesen. Ich habe nur drei Beine, bin auf einem Auge blind und höre nicht mehr so gut. Da könnte man natürlich Komplexe kriegen, aber der Knopf sagt, Admiral Nelson wäre auch nicht viel besser dran gewesen, und da könne man mal wieder sehen, wie wichtig eine Unfallversicherung ist.

Der Knopf ist einer meiner besten Freunde. Er redet etwas viel und bleibt dauernd in irgendwas stecken, und diese Bungeejumperei vom Schlafzimmerschrank aufs Bett ist auch mühsam, aber wir sind trotzdem gute Kumpel. Knopf und Agatha haben den Trick raus, wie man die Tür vom Vorratsschrank aufkriegt und an die Leckerli kommt, und die zwei teilen immer grosszügig. Sehr aufmerksam!

Beruflich bin ich im Ruhestand, aber zwischendurch arbeite ich noch als Fotomodell. Knopf sagt zwar, LOLCAT zu sein sei ja nun nicht wirklich eine Meisterleistung, aber unser Flunkie sagt, ich sei der schönste Kater der Welt, und wenn die das sagt, dann ist das auch so, SO!

Und das hier ist das Lorchen.

Eigentlich heisst sie ja Hannelore, aber das möchte ich keinem raten, sie so zu nennen, da wird sie fuchsig, fährt die Krallen aus und verteilt gratis Piercings. Angeblich ist das Lorchen die "normalste" Katze im Haushalt, aber der Knopf sagt, der Status als normalste Katze hier ist etwa so wie das beste Fussballteam von Grönland zu sein.

Dann ist da noch das Brummie. Als sie damals bei uns eingezogen ist, hat unser Flunkie einen langen Vortrag zum Thema "Seit nett zu neuen Katzen" gehalten. Das Brummie hätte nämlich eine anstrengende Geschichte hinter sich und bräuchte jetzt Ruhe und gute Freunde.

Also haben wir brav nächtelanges Gebrüll ertragen, bis sich das gnädige Fräulein endlich eingelebt hatte. Das Flunkie sagt, das Brummie würde kreischen wie eine irische Todesfee. Ich habe keine Ahnung, was eine irische Todesfee ist, aber wenn die wirklich so herumjault wie das Brummie, dann müssen die Iren alle taub sein.

Der Oskar, der findet das Brummie ganz toll. Er schreibt ihr dauernd Liebesgedichte und schickt ihr kistenweise kandierte Mäuse. Peinlich, sowas. Der Knopf hat dem Oskar gesagt, bei den Weibern hätte man nur eine Chance, wenn man sie ignoriert. Da hat das Lorchen gesagt, wenn der Oskar Ratschläge von Katern annimmt, die glauben, Babykätzchen würden von der Grossen Katze immer zum Vollmond in

Weidenkörbchen unter Apfelbäumen abgelegt, dann wären seine Chancen beim Brummie gleich Null.

Dann ist da natürlich noch Agatha. Sie ist unser Nesthäkchen, was bedeutet, dass sie macht, was sie will, und wir müssen damit leben. Agatha ist von Geburt an taub, aber der Knopf sagt, das sei kein Problem, denn a) würde sie auch nicht hören, wenn sie hören könnte, und b) hätte sie als einzige von uns Spass am jährlichen Feuerwerk.

Katzen haben ja angeblich was Elegantes, aber als die Eleganz verteilt wurde, war Agatha wohl grade auf'm Klo. Wir nennen sie unser kleines Stierchen, beziehungsweise "Abrissbirne", weil sie alles niederwalzt, umrennt und platt macht, was ihr im Weg steht. Ständig fällt sie irgendwo hinein oder dahinter, schmeisst was um oder landet im Wassernapf. Und das findet sie dann auch noch lustig.

Als einzige Schweizerin in unserer therapeutischen Wohngemeinschaft legt sie viel Wert auf Schweizer Qualität, und schläft darum vorzugsweise in Taschen der Marke FREITAG. Das ist sehr vernünftig, die Dinger werden ja aus ausgedienten Lastwagen-Planen genäht, und das ist, neben Stahl, wohl das einzige Material, das Agatha standhalten kann.

Agatha ist sehr an guter Küche interessiert, aber leider hat sie noch nicht ganz verstanden, wo der Koch und wo der Gast hingehört.

Der Knopf hat der Agatha alles beigebracht, was man wissen muss, zum Beispiel wie man die Klospülung betätigt, dass das mitten in der Nacht besonders lustig ist, und dass das Flunkie besonders schön quiekt, wenn man um drei Uhr früh vom Schlafzimmerschrank auf ihren Bauch hüpft. Dafür hat ihm die Agatha beigebracht, wie man Schränke und Schubladen und den Kühlschrank öffnet.

Das Flunkie hat gesagt, Agatha sei keine Katze, sondern ein Zustand. Aber das hat sie wohl nur gesagt, weil die Agatha damals zuerst unter die Dusche und dann in den klumpenden Katzensand gehüpft ist, und sie die Agatha dann duschen musste. Das fand die Agatha aber gar nicht witzig! Der Knopf hat gesagt, panieren sollte man nur Schnitzel, nicht Katzen, aber das wusste die Agatha wohl noch nicht.

Ja, und zu guter Letzt, hier ist der Knopf.

Der Knopf weiss nicht, dass er ein Kater ist. Er denkt, er sei ein etwas haariger Mensch und ist überzeugt davon, dass unser Flunkie seine Mama sei. Eine kluge Dame hat dem Flunkie mal gesagt, der Knopf sei ein Kinderersatz und das sei psychologisch bedenklich, und das Flunkie würde mal als verrückte Katzenmutter enden, wenn sie nicht aufpasst. Das Flunkie hat dann gesagt, für jeden kurzbeinigen Testosterondübel mit Netzhemd und Kampfhund an der Leine braucht's mindestens zehn verrückte Katzenladies, damit das kosmische Gleichgewicht wieder stimmt, und sie wäre mit Rammstein auf Tour gewesen und noch verrückter wäre ja wohl kaum möglich.

Knopf's Lebensmotto ist "Das ganze Leben ist ein Spassi!", und darum hüpft und springt er mit bester Laune durch die Tage, ist ständig am Unfug treiben und wird darum nur fotografiert, wenn er schläft (was selten genug der Fall ist).

Der Knopf muss immer auf einem drauf liegen oder drunter oder dran, sogar im Hochsommer. Das Flunkie sagt, er sei eben ein besonders anhänglicher und liebesbedürftiger Kater, aber ich finde, er ist einfach nur schlecht erzogen. Leider hat er in der Akademie der Katzenkünste mit einer 1+ in "Niedlichkeit" abgeschlossen, darum guckt er nach jedem Mist, den er gebaut hat, einfach lieb und wir schmelzen alle dahin. Lorchen stiftet den Knopf immer zu allem möglichen Blödsinn an, und der macht natürlich auch immer, was sie sagt. Aber das tun wir ja alle, da kann man es ihm nicht übelnehmen.

Oskar von oben dran und der Knopf sind dicke Kumpels; wenn das Flunkie weg ist, gucken sie Fussball oder Skirennen. Knopf hat gesagt, er will mal Synchronschwimmen ausprobieren, aber der Oskar hat gesagt, der Knopf erzählt viel, wenn der Tag lang ist.

Ja, das war's dann mal von uns. Das Flunkie ist soeben mit einem Spanisch-Wörterbuch angerückt und hat gesagt, sie hätte für uns eine Überraschung und ich bald jemanden, der mit mir zusammen inhalieren kann. Und das soll jetzt gut sein oder was?!

2. ¿qué? oder Die Ankunft des Spanischlehrers

Alfie muss auf Grund einer Erkrankung der Speiseröhre im Stehen fressen. Daher ist er stolzer Besitzer einer Stehbar (naja, also, eine 50er Jahre Trittleiter der Marke "Küchenfee").

Guck mal, habe ich zum Knopf gesagt, das Flunkie hat mir eine Stehbar mitgebracht. Ist das nicht nett von ihr?

Der Knopf hat wieder mal so komisch geguckt und gesagt, ich sei ein hoffnungsloser Fall, und bei mir würde der Kalk schon aus den Ohren rieseln, und überhaupt bräuchte ich dringend eine Brille. Dann haben wir uns zum Mittagsschläfchen aufs Bett gelegt, und der Knopf hat gesagt, nun guck doch mal da rüber, fällt dir nix auf?

Ich hab hingeschaut, aber was der da wieder gesehen hat, weiss ich auch nicht. Ist die Decke neu?

Der Knopf hat gesagt, ich bräuchte dringend Ginseng. Dann hat er mich vom Bett runter geschmissen und in den Flur getrieben. Dort war das Lorchen grade in ein merkwürdiges Gespräch vertieft.

"Wer bist denn du?"

"Mi nombre es Alfie."

"Minombresalfi? Wer hat sich denn den Mist ausgedacht? Ich werde dich Alfie nennen."

"Muy contento, guapa!"

Der Knopf hat gefragt, ob ich jetzt endlich gemerkt hätte, was los ist, und ich habe gesagt, ja klar, ich bin doch nicht doof, wir haben einen Spanischlehrer bekommen!

Der Knopf hat nur die Augen gerollt, aber das macht er ja immer. Ich bin dann zurück zum Bett, und glaubt's mir oder nicht, da liegt doch der Spanischlehrer plötzlich auf meinem Stammplatz!

Also, ich habe ja wirklich den grössten Respekt für unsere Lehrkräfte, aber das ging mir dann doch etwas zu weit. Ich fragte den Kerl, ob er vielleicht ein wenig zur Seite rücken könnte. Er sagte "¿qué?", na, ok ist immer eine gute Antwort, also hab ich mich daneben gelegt. Der schnarcht aber ganz fürchterlich; der Knopf hat gesagt, der und ich wären für 80% des Waldsterbens in Westeuropa verantwortlich, so wie wir sägen, und es sei ein Skandal. Dann hat er sich die Ohrstöpsel von unserem Flunkie geliehen und sich auf den Katzenbaum vertrollt.

Das Brummie wollte nicht aufs Bett. Sie hat gesagt, sie wolle erst mal den Impfausweis und das Visa von dem Kerl da sehen sowie die Unbedenklichkeitserklärung des Tierarztes, einen Strafregisterauszug und seine Pfotenabdrücke durch INTERPOLECAT überprüfen lassen. Darauf hätte sie gemäss Paragraph 78 ff. der Genfer Kitty Konventionen nämlich ein Anrecht, und bevor sie nicht persönlich die Personalakte überprüft hat, würde sie ihr Pelzlein auf sicherem Abstand halten.

Der Knopf hat dann aus dem Wohnzimmer gerufen, ob sie denn schon gehört habe, der Alfiedingsbums hätte Flöhe gehabt, und da war dann Schluss mit lustig. Naja, zum Glück kann Brummie nie was länger als zehn Minuten durchziehen, und als der Alfiedingens sich dann in ihren Korb gefläzt hat, hat sie nur noch etwas gebrummelt und ihm die

Mittelkralle gezeigt. Dem war das aber wurscht, den scheint nichts aus der Ruhe zu bringen.

Agatha hat mir dann gesagt, dass der Alfiedingsbums hierbleibt, erstens wegen der Bildung und zweitens überhaupt, und der Knopf hat gesagt, aber hallo, wenn sich die Mädels hier einen Spanischlehrer einfliegen, dann sollten wir mal zusehen, dass wir eine nette Französischlehrerin bekommen. Er würde sich da ein nettes Perserfräulein vorstellen, vielleicht die Choupette vom Herrn Lagerfeld, aber die Agatha hat gesagt, das könne er sich abschminken, und wir seien Kulturbanausen, alle beide.

Naja – ich bin ja vielleicht inzwischen etwas senil, aber dass es der Agatha hier nicht um *Bildung* geht, das habe sogar ich verstanden!

3. Frühling oder Ostdeutsche Kuhkatzen

Endlich ist es Frühling, und ich habe mich in den Garten geflüchtet, um nach den letzten schockierenden Enthüllungen etwas Ruhe zu finden und mich zu sammeln.

Es hat sich nämlich bestätigt, was ich mir schon gedacht hatte: Der Spanischlehrer ist gar keiner, sondern ein Siamese!

Naja, seine Oma kam aus Siam, oder der Opa, hat der Tierarzt gesagt. Ich habe gefragt, wo denn das ist; Agatha hat gesagt, irgendwo in Schweden und der Knopf sagte, das sei gleich hinter Wuppertal. Also, da glaube ich eher Agatha, denn der Knopf erzählt ja viel, wenn der Tag lang ist. Brummie hat gesagt, wir seien ungebildete Ignoranten; "Siamkatze" sei die Bezeichnung für eine Katzenrasse, und es bedeutet, dass der Alfie edle Vorfahren hat, während wir ganz gewöhnliches Feldwaldwiesengemüse seien.

Also, *das* hat dem Knopf natürlich überhaupt nicht gepasst, und er hat den ganzen Nachmittag auf dem Bücherregal geschmollt und uns mit den gesammelten Werken von Edgar Allan Poe beworfen.

Schliesslich hat unser Flunkie ihn heruntergeholt, ihm den Bauch gekrault und ihm erklärt, dass wir alle ganz spezielle Rassekatzen wären. "Der Charlie und du, ihr seid Originale Ostdeutsche Kuhkatzen", hat sie gesagt, "die Agatha ist eine seltene Yeti-Abrissbirnenkatze, und das Brummie stammt von einer alten Familie von Seidenraupen ab." Da war der Knopf ganz stolz und hatte wieder gute Laune. Ich habe das Flunkie dann gefragt, was denn das Lorchen für eine Katze sei, und sie hat gesagt, das Lorchen wäre aus einem Drachenei geschlüpft. Na, da hätte ich ja auch selber drauf kommen können.

Also, jedenfalls, das mit der Speiseröhre, das hat der Alfie wohl seinen Grosseltern zu verdanken. Siamkatzen kriegen nämlich Megaösophragen... phragusse... phragien... dingsen... und das sei angeboren und zum Glück nicht so schlimm, aber der Tierarzt hat den Alfie ganz streng angeguckt und gesagt, junger Mann, das Ziel sind 3kg, und der Alfie hat hoch und heilig versprochen, noch mehr zu futtern als eh schon. Na, immerhin wiegt er jetzt schon 2.8kg, also ein Pfund mehr als bei seiner Ankunft. Wir arbeiten daran.

Der Alfie und ich haben beide Schnupfen, und jeden zweiten Tag tun wir gemeinsam mit Salbei inhalieren. Das Flunkie sagt, es sei unglaublich, wie viel Schnodder so ein kleiner Kater produzieren kann. Der Knopf sagt, das sei alles nur eine Frage des Trainings. Der Alfie schläft meistens auf dem Knopf drauf, und der ist morgens dann immer vollgerotzt. Brummie hat gesagt, es sei ein Skandal und garantiert gegen sämtliche Hygienebestimmungen der Genfer Kitty Konventionen, und wehe, jemand rotzt ihr schönes Seidenpelzchen voll!

Der Knopf hat jedenfalls angefangen, dem Alfie jeden Blödsinn beizubringen, den er kennt. Da ist zum Beispiel die Sache mit der Klospülung. Der Knopf spült für sein Leben gerne, und zwar am liebsten um drei Uhr morgens. Zuerst macht's wuuuuuuuuuuuuusch, und dann haut er wie ein Irrer auf der Taste rum – tack tack tack tack – bis der Kasten wieder voll ist. Ein feines Spiel! Meistens faucht das Flunkie dann aus dem Schlafzimmer, sie würde ihn verkaufen, und zwar nach Gewicht, oder er käme in die Wurst, aber das Flunkie sagt ja viel, wenn der Tag lang ist. Jedenfalls hat der Alfie das ganz genau beobachtet und versucht nun ständig, zu spülen. Aber mit 2.8kg hat er nicht das notwendige Gewicht, also hört man nur tack tack tack gefolgt von frustriertem Gemecker. Das Flunkie hat gesagt, wir wären wie die Hunnen, und im nächsten Leben will sie nur noch Hamster.

Aber am tollsten findet der Alfie das Bett. Bett und Schmusen. Kaum liegt das Flunkie flach, quetscht er sich in den Arm, und da bleibt er dann, bis der Knopf zur Attacke auf die Klospülung bläst (wie gesagt, um drei Uhr früh). Nun hat der Mensch aber naturgemäss nur zwei Arme, aber es gibt drei anquetschinteressierte Parteien. Ich bin ja nicht so und habe meinen Stammplatz geräumt und schlafe jetzt auf dem Kopfkissen. Das Flunkie hat gesagt, wie nett von mir, jetzt könnten ich und Alfie sie in Stereo vollschnarchen.

Der Knopf hat gesagt, das Vernünftigste wäre, wenn wir unser Flunkie mit Schokolade und Kuchen füttern, da vergrössert sich dann nämlich irgendwann die Fläche und wir haben alle Platz. Also, da ist was dran!

4. Es regnet oder Es regnet schon wieder

Es ist kalt.
Es regnet.
Wir haben Mai.
Und Alfie hat eine Lebenskrise.

"Hace frío!" jammert er. "Tengo frío! Necesito sol!" Dann niest er wieder und rotzt uns alle voll. Brummie nennt ihn nur noch "Don Rotzino" und das Fräulein Berti vom oberen Stock nennt ihn "Rotzinante". Das Flunkie sagt, wenn sie das gewusst hätte, dann hätte sie Aktien von Taschentüchern gekauft.

Naja, so ein heissblütiger Baske wie Alfie ist natürlich ganz andere Temperaturen gewohnt.

Der Knopf hat sich das Gejammer eine Weile angehört, dann hat er gesagt, "Alfie, das liegt daran, dass du dich nicht warm genug anziehst."

"¿Qué?" hat der Alfie gesagt.

Das Lorchen hat fies gegrinst. "Wir haben doch noch Emma's Pullöverchen..."

"¿Qué?" hat der Alfie gesagt, und ganz grosse Augen gekriegt.

"Siehst du, er sagt es ist ok, also hol mal den Pullover", hat das Lorchen gesagt.

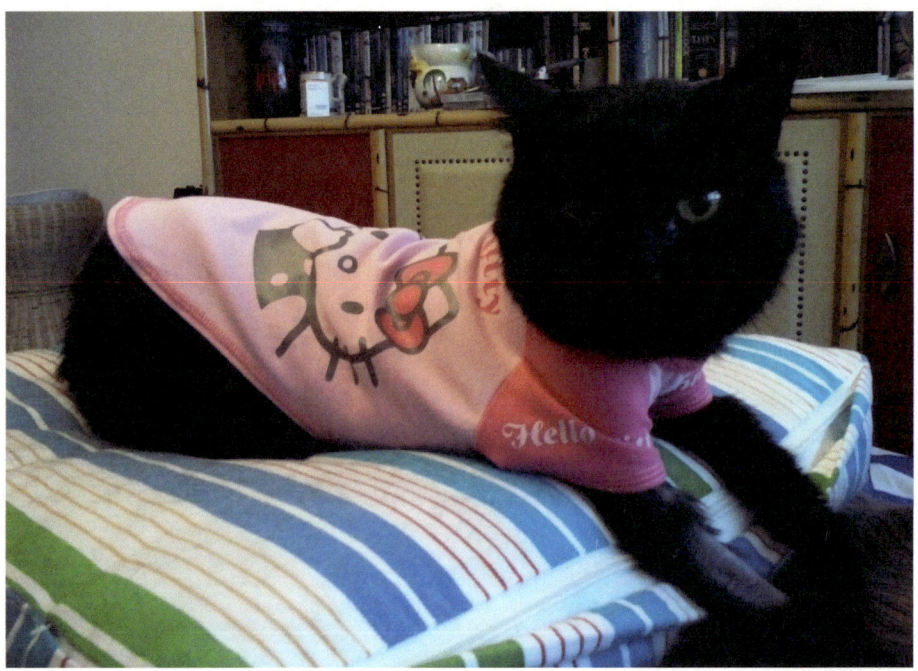

Ui, was hat der Alfie da geschimpft! "No, no, no, no soy una niña, pink, bäh!" oder sowas. Der Knopf hat gesagt, der Alfie hätte soeben gesagt, dass er Pink ganz toll fände, aber ich weiss nicht, dann hätte er sich wohl kaum in die hinterste Ecke unterm Bett verkrochen, und der Knopf sagt ja viel, wenn der Tag lang ist.

Das Flunkie fand dann auch, dass man einen Kater nicht in einen Katzenmädchenpulli stecken darf und dass sie was Männlicheres besorgt. Was mit einem Totenkopf oder so. Die haben Sorgen...

Das Brummie hat gesagt, wir müssten die Sache psychologisch angehen. Es sei ganz eindeutig, dass der Widerwillen von Alfie gegen die Farbe rosa von einem Trauma herrührt, und gemäss Art. 67 §89 der Genfer Kitty Konventionen müssten wir einen Psychologen zuziehen.

Also, für *die* Analyse brauche ich keinen Psychiater!

Der Knopf hat dann gesagt, vielleicht würde es Alfie ja beruhigen, wenn ihn das Flunkie Hanftee inhalieren lassen würde. Soviel Salbei könne ja nicht gut sein, und er würde gerne solidarisch mitinhalieren.

Alfie fand das eine gute Idee, und die zwei haben das dann auch gleich ausprobiert, aber irgendwie hat mich das Ergebnis nicht so ganz überzeugt...

5. Fussball oder Uns ist alles Wurst(i)

Letzte Woche war Fussball.

Fussball ist immer gut. Erstens haben wir hier dann sturmfreie Bude, und zweitens ist die Wurst nach Spielende 50% günstiger. Also gibt's für uns Wursti. Ich *liebe* Wursti! Wursti, Wursti, Wursti!

Nicht Wursti ist allerdings, für wen man die Pfoten drückt. Der Knopf sagt immer, die Wahl des Fussballteams sagt viel über den Charakter aus. Also hat der Knopf den Alfie gefragt, welches Team er so unterstützt, und der Alfie hat ganz viel gesagt, ist begeistert auf und ab gehüpft und war richtig aufgeregt. Wir haben nur "Barça" und "Messi" verstanden, und der Knopf hat gesagt, ja was soll das denn nun wieder sein, und ich habe gesagt, ist doch egal, Hauptsache nicht Weisswursti.

Das ist nämlich so eine Sache. In diesem Haushalt ist man entweder "Rot für die Liebe, Blau für die Treue" oder "Lebenslang Grün-Weiss", und wir waren uns darum nicht so sicher, wie das jetzt mit Barça ist. Lorchen hat gesagt, Fussball sei doof, sie guckt lieber Tennis. Die Agatha hat gesagt, Tennis sei was für Regenwürmernachdemregenvomgehsteig-wegtrageruneddannwiederzurückbringer, und das könne sie sich jetzt aber nicht vorstellen, dass das Flunkie den Alfie rausschmeisst nur wegen einem Fussballteam, und ausserdem sei blau/rot ja fast dasselbe wie rot/blau. Der Knopf hat gesagt, also echt, sowas kann ja mal wieder nur von einer Katze kommen, und dann hat ihn die Agatha in den Hintern gebissen. Für jemanden, der angeblich nix hört, hört sie manchmal schon erstaunlich gut!

Das Brummie hat ganz schief geguckt und gesagt, ja ja, erinnert Ihr Euch noch, was mit meiner Schwester passiert ist? Der Alfie hat gesagt, yo no sé nada, and und das Brummie hat gesagt, kenne keinen John Senada, spielt der für Manchester? Jedenfalls hat Fräulein Flauschi damals beim falschen Tor gejubelt, und schwupp, weg war sie. Wohin, fragt Agatha, und Knopf sagt, in die Weisswurst.

Huh! hat der Alfie gesagt (das ist Spanisch für huh!), und der Knopf hat gesagt, hah! (das ist Deutsch für ätsch!), pack schon mal die Koffer! Aber die Agatha hat ihn angeknurrt und dann dem Alfie die Ohren geputzt. Mach dir nichts draus, hat sie gesagt, der Knopf sagt viel, wenn der Tag lang ist, und in die Wurst kommst du sowieso erst, wenn du 3kg wiegst. Da fehlen noch 100g, also keine Sorge. Irgendwie hat das den Alfie aber nicht wirklich beruhigt. Wir haben dann eine Runde Fussball gespielt, aber leider ging der Ball kaputt.

Das Flunkie ist dann spät nach Hause gekommen, und naja, sagen wir mal so, das Spiel ist wohl nicht so gelaufen, wie es sollte. Das Flunkie war ziemlich sauer und heiser, aber wir haben trotzdem Wursti und Krauler bekommen, und Agatha hat dem Flunkie gesagt, sie soll sich nicht aufregen, und das einzig wichtige Fussballereignis der letzten Jahre wäre sowieso die Unterwäschewerbung von David Beckham gewesen.

PS: Fräulein Flauschi wurde *nicht* in die Weisswurst geschnetzelt. Sie lebt als Katzendiva in einer 120m² Wohnung mit zwei Balkonen und zwei Knechten sowie einem Grossbildschirm, auf dem sie sämtliche Spiele ihres Lieblingsvereins (der mit den Weisswurstis) verfolgt.

6. Ich will keinen Seniorenteller oder Wer ist hier alt?

Der Herr Huber ist vorgefahren. Dem gehört das Zoogeschäft "Paradies", und er liefert uns immer die Katzenstreu vor die Tür, weil die so schwer ist und das Flunkie nicht gerne schleppt. Es ist Tonsand, klümpchenbildend, mit lieblichem Babypuderduft, elegant in der Strullführung und angenehm weich am Hintern. Das Flunkie wollte mal sparen und hat versucht, uns die Billigramschvariante von irgend so einem Discounter unterzujubeln, aber der haben wir was gehustet, beziehungsweise gepullert. Und zwar *nicht* ins Kistchen!

Das Katzenklo bietet Unterhaltung für die ganze Familie. Der Knopf buddelt für sein Leben gerne drin rum und verteilt den Sand in der ganzen Wohnung, und die Agatha macht gerne ein Nickerchen im Kistchen. Alfie ist als spanischer Macho überzeugter Stehpinkler; Pfoten auf dem Kistchenrand, konzentrierter Blick und dann Wasser marsch. An und für sich kein Problem, aber leider liegt da manchmal ja eben schon die Agatha, und das ist dann immer eine ganz hässliche Sache.

Am meisten Spass mit dem Tonsand hat aber das Flunkie. Sie sagt, so müssten sich die Goldgräber am Klondike gefühlt haben bei der Suche nach Nuggets, und es gäbe ja nichts Schöneres, als sich am frühen Morgen auf Knien mit Siebschaufel und Müllbeutel durch sechs Katzenklos zu graben, und wie rücksichtsvoll von uns, ihr die Arbeit zu erleichtern und nicht alle Hinterlassenschaften zu vergraben. Ich sag dann immer, nichts zu danken, das machen wir doch gerne.

Aber zurück zum Herrn Huber. Katzensand war dieses Mal keiner dabei, dafür zwei Kartons mit Dosenfutter. Der Alfie guckt schon ganz gierig und die Agatha frisst die Verpackung an und dann sagt das Lorchen, Moooment Leute, wir müssen uns das erst genauer anschauen. Dann studiert sie das Etikett.

"Katzenfroh Bio Futter, 61% Fleisch. Feuchtgehalt 82%, Rohprotein 9%, Fettgehalt 4%, Rohasche: 2%,- Rohasche? Ernsthaft? Strecken die das Zeug mit den Resten vom letzten Grillfest? Will das Flunkie uns vergiften?" Das Lorchen ist empört.

"Gemäss §450 Absatz 56ff der Genfer Kitty Konventionen liegt der Richtwert für Rohasche bei 2,8 - 5 %, scheint also in Ordnung zu sein", beruhigt das Brummie. "Ausserdem ist das nur ein analytischer Wert. Da ist keine Asche drin."

"Was ist analytisch?" will der Knopf wissen, und das Lorchen sagt, dafür wäre er noch zu jung.

Das Brummie guckt sich das Etikett auch noch an und erklärt schliesslich, es handle sich hier um absolut hochwertiges Biofutter für Katzen, garantiert ohne zusätzliches Salz oder extra Zucker oder künstliche Geschmacksstoffe, sehr gesund und ballastreich, und wir müssten uns nun ernsthaft fragen, ob wir sowas im Haus haben wollen oder nicht. "Gesund" schliesst "lecker" ja bekanntlich aus, und da nützt alle Pottasche nix, wenn wir in Zukunft täglich diesen vegetabilen Öko-Mist vorgesetzt bekommen. So ganz ohne Zucker, Antioxidantien, Konservierungsstoffe, Lecithin und künstliche Farbstoffe macht das Leben doch gar keinen Spass!

"Das Flunkie meint es nur gut", sag ich. "Sie will halt, dass wir gesund essen und alt werden."

Der Knopf kichert und sagt, allerdings, und ob ich schon die Dosen mit dem Seniorenfutter gesehen hätte?

Seniorenfutter?! Also, da hört doch alles auf! Ich will keinen Seniorenteller mit extraweichen Bröckchen und nierenschonender Garkost! Der Knopf sagt, im zweiten Karton sei sicher eine Gehhilfe.

"Also, Generalstreik", habe ich dann angeordnet. "Brummie: futtern und reihern, falls möglich über Flunkie's Lieblingsschuhe oder den Laptop. Oskar, demonstratives Verscharren des offensiven Futtermittels. Alfie, angewidertes Abwenden mit zusätzlichem Niesen und Röcheln. Knopf und Agatha: mit dem Futter rumsauen und an möglichst schwer zu reinigende Stellen schmieren. Ich selber spiel krank und guck traurig, das zieht immer."

Alles hat salutiert, und das hätte auch wunderbar geklappt, wenn wir das Lorchen bei unserem Plan nicht vergessen hätten. Nicht mal für eine Minute konnte sie ihre Fressgier unter Kontrolle halten und hat die Hälfte aller Aluschälchen angefressen. Gereihert hat sie dann zwar auch, aber leider auf Flunkie's Kopfkissen, und die fand das gar nicht lustig. Sie hat dem Lorchen gesagt, jetzt hätte sie genau die richtige Figur für's Bowling-Spielen, und das Lorchen stöhnt und sagt, wie soll denn das gehen, so ohne Daumen, und das Flunkie sagt, ich meine als

Kugel. Und dann hat sie noch was von Weihnachten und Papiermanschetten und Zwiebelfülle gemurmelt, aber darüber mache ich mir keine Sorgen. Das Lorchen hat viel zu viel Cholesterin und Bitterstoffe und ist daher als Festtagsbraten gänzlich ungeeignet.

Aber andererseits geht Liebe ja bekanntlich durch den Magen...

7. Catastrophen oder Schuld sind immer die anderen

Also, ich möchte gleich mal festhalten, dass wir mit diesem Chaos hier ab-so-lut nichts zu tun hatten.

Was das hier betrifft, wissen wir auch nicht, wer's war:

Naja, schön, *damit* hatten wir was zu tun.

Das Flunkie hat gesagt, wir seien Saubären. Die Agatha hat sich daraufhin ins Bücherregal verdrückt und geschmollt, und das Flunkie hat gesagt, *das* sei ja wohl der Gipfel der Ironie.

Also, jedenfalls ist es jetzt endlich Sommer, und Alfie rotzt nun statt dem Schlafzimmer den Balkon voll. Das Flunkie sagt, das sei reinigungstechnisch viel effektiver und überhaupt, frische Luft sei gesund.

Alfie hat dem Flunkie beim Anpflanzen geholfen, und nun buddelt er jeden Tag die Töpfe aus, um zu gucken, ob schon was wächst. Der Knopf hat ihm gesagt, dass man das so macht. Aber der Knopf erzählt ja viel, wenn der Tag lang ist. Jedenfalls hat das Flunkie gesagt, der Alfie sei ein Zustand, und wenn er so weitermacht, dann kommt er in die Paella. Ich habe den Alfie gefragt, was eine Paella ist, und er hat gesagt, er wisse das auch nicht so genau, vielleicht ein Nachtclub? Das Brummie hat mal wieder die Augen gerollt und verächtlich die Nase gerümpft. Paella sei was zum Essen, und zwar was sehr Leckeres, jedenfalls nichts für so Kulturbanausen wie uns. Der Knopf hat in den Napf vom Brummie geguckt und dann gesagt, über Geschmack solle man sich zwar nicht streiten, aber das sei ja wohl das Vegetarischallerletzte!

Dann hat er dem Brummie eins hinter die Löffel gegeben, und Brummie hat ihm eins aufs Auge gehauen, und dann haben sie sich gekloppt und den Tisch abgeräumt, inklusive Kaffeemaschine. Da hat das Flunkie gesagt, *sie* hätte am liebsten Katze im Körbchen, mit Pommes. Der Alfie hat dann etwas besorgt geguckt, aber der Knopf hat gesagt, keine Angst, das Flunkie sagt viel, wenn der Tag lang ist.

8. Antrag mit Katze oder Soziales Arbeiten

Also, wir wohnen neben dem Sozialamt. Das ist ein Ort, wo soziale Leute arbeiten. Was das genau heisst, weiss ich auch nicht, aber wenn sie Kaffeepause machen oder Zigarettenpause oder Mittagspause, dann winken sie immer hoch zu uns, denn von unserem Balkon aus haben wir eine ganz tolle Aussicht auf ihre Büros.

Das Flunkie arbeitet auch sozial, aber nicht *im*, sondern *mit* dem Sozialamt. Das Flunkie sagt, auf dem Sozialamt würden lauter Heilige arbeiten, und darum habe der liebe Gott extra für sie den Telefonbeantworter erfunden. Darauf kann man eine Bitte um Rückruf hinterlassen, wenn man versehentlich während einer Sitzung oder einer Pause anruft. Man kann natürlich auch aus dem Fenster brüllen, aber das ist unhöflich, und drum macht das Flunkie das auch nicht. Also, nicht mehr.

Jedenfalls ist das Flunkie grade am sozialen Arbeiten, als das Telefon klingelt. Es ist die Frau Sonnenschein vom Sozialamt, und das Flunkie hat noch einen Anruf auf der anderen Leitung und die Kollegin mit einem Computerproblem und einen Klienten an der Tür, und sie sagt danke für den Rückruf, und um welche meiner zehn Anfragen geht es? Der Herr auf der anderen Leitung will einen Termin und die Kollegin kann nicht mit Excel und der Klient will einen Kaffee, und das Flunkie hechtet über den Tisch an den Computer, um die Daten aufzurufen.

Das Flunkie sucht und sucht und sagt, das muss ein Irrtum sein, ich habe hier keine Frau Agatha in der Datenbank, worum geht's, und könnte die Kollegin bitte nochmals den Wegweiser zum Thema Zellbezüge und ihre Relation zur Zielposition lesen und dem Herrn in der Tür einen Kaffee anbieten, danke sehr, und sie ruft gleich zurück wegen dem Termin und was meint die Frau Sonnenschein damit, dass die Frau Agatha auf dem Schreibtisch läge?!

Die Frau Sonnenschein sagt, es handle sich nicht um eine Klientin, sondern um eine Katze, und zwar um eine weisse. Die sei im Gras gesessen und hätte gejammert. Sie hat gerufen und gewunken und da hat die Agatha gedacht, ja was ist denn jetzt los, machen die neuerdings

Yoga in der Mittagspause, denn die Frau Sonnenschein hat ja nicht gewusst, dass die Agatha nix hört.

Jedenfalls hätte ihr die Agatha leid getan, darum habe sie das arme Tier zu sich genommen und dann die beste Freundin vom Flunkie angerufen. Die heisst Fräulein Berti und wohnt im oberen Stockwerk, und von der hatte die Frau Sonnenschein die Nummer, und Berti hat ihr gesagt, das sei sicher die Agatha, und sie solle das Flunkie anrufen und das sei ja wieder mal typisch. Typisch war aber vor allem, dass das Berti das Balkonfenster aufgemacht hat, obwohl das Flunkie gesagt hat, sie soll's lassen, weil die Agatha sonst ausbüxt. Aber so sind die Menschen, immer alles auf die Katze schieben!

Also, das Flunkie ist sofort gar nicht mehr sozial, schmeisst alle raus und rast mit dem Taxi zum Sozialamt. Von unterwegs telefoniert sie hektisch herum, die Katze ist vom Balkon gefallen, oh Schreck oh Graus und wie ist denn das überhaupt möglich, Weltuntergang und Pandämonium, und sie ruft auch den Tierarzt an und brüllt was von Notaufnahme und Röntgenbildern, und was ist, die Agatha liegt gemütlich auf dem Schreibtisch von der Frau Sonnenschein, als das Flunkie zwei Stresshormone vor dem Herzinfarkt hereinstürzt. Die Agatha ist umgeben von anbetenden Sozialarbeitern, vor ihr steht ein Näpfchen mit Milch, und sie gähnt und guckt gelangweilt. Einen Fangzahn hat sie verloren, aber ob das beim Sprung vom Balkon oder beim Benagen vom Antragsformular für Mietzuschüsse passiert ist, weiss keiner.

Das Flunkie hat inzwischen die Gesichtsfarbe von Boris Becker nach fünf Stunden am Strand, bedankt sich aber artig bei der netten Frau Sonnenschein, stopft die Agatha in den Käfig und haut dann schnell ab. Unterwegs informiert sie die Agatha darüber, dass sie im Internet verkauft wird oder in ein Pelzmützchen für den Knopf umgearbeitet und sonst noch allerlei, was man eigentlich vor jungen, eindrucksfähigen Katzen nicht sagen sollte. Aber die Agatha hört ja nix, drum ist das wurscht.

Der Knopf hat die Agatha später gefragt, ob sie den Antrag auf zusätzliche Taurinmäuse ausgefüllt hätte, aber das hat sie vergessen. Naja, macht nix, dann schubsen wir sie eben nochmal vom Balkon.

9. Kopierer oder Und was machen *Ihre* Kinder?

"Guck mal", sagt der Knopf, "das Flunkie hat vergessen, den Kopierer auszuschalten!"

Lorchen natürlich gleich hin; das Kopiererdings brummt nämlich angenehm und ist immer schön warm. Netterweise hat das Flunkie auch noch den Deckel offengelassen, und drum hockt jetzt das Lorchen auf der Glasplatte und spielt Höhensonne.

Nun hat der der Knopf ja leider die Aufmerksamkeitsspanne eines Goldfisches, und drum wird's ihm schnell langweilig, dem Lorchen beim Hinternwärmen zuzusehen. Zuerst meckert er, dann zieht er sie am Schwanz, sie faucht, er hüpft auf den Kopierer, und plötzlich blitzt und rumpelt es, das Lorchen erstarrt zur Salzsäule, kriegt eine Bürste und flüchtet schimpfend unter das Sofa. Der Knopf fällt runter und bleibt im Papierkorb stecken und guckt ganz verstört, besonders, als der Kopierer ein Blatt mit einer Kopie von Lorchen's Hintern ausspuckt und ihn am Ohr erwischt.

Und natürlich muss *jetzt* das Flunkie heimkommen...

Die Woche drauf trifft das Flunkie eine alte Schulkollegin namens Marianne, die sie gleich mal als erstes überfällt mit der Karriere vom Mann und der Yogaklasse und dass der Sohn jetzt studiert und die Tochter heiratet, und sicher will das Flunkie Fotos sehen? Das Flunkie will nicht, ist aber zu höflich, und ausserdem versperrt die Marianne den Fluchtweg, und schon wedelt sie ihr mit Fotos von Sohn und Tochter und Ehemann vor'm Gesicht herum, und was denn das Flunkie so macht und was die Kinder?

Das Flunkie lächelt zuckersüss und sagt, also, der Jüngste hat's sehr mit der Technik, und die Hannelore, die ist Fotomodell, und sicher will die Marianne Fotos sehen?

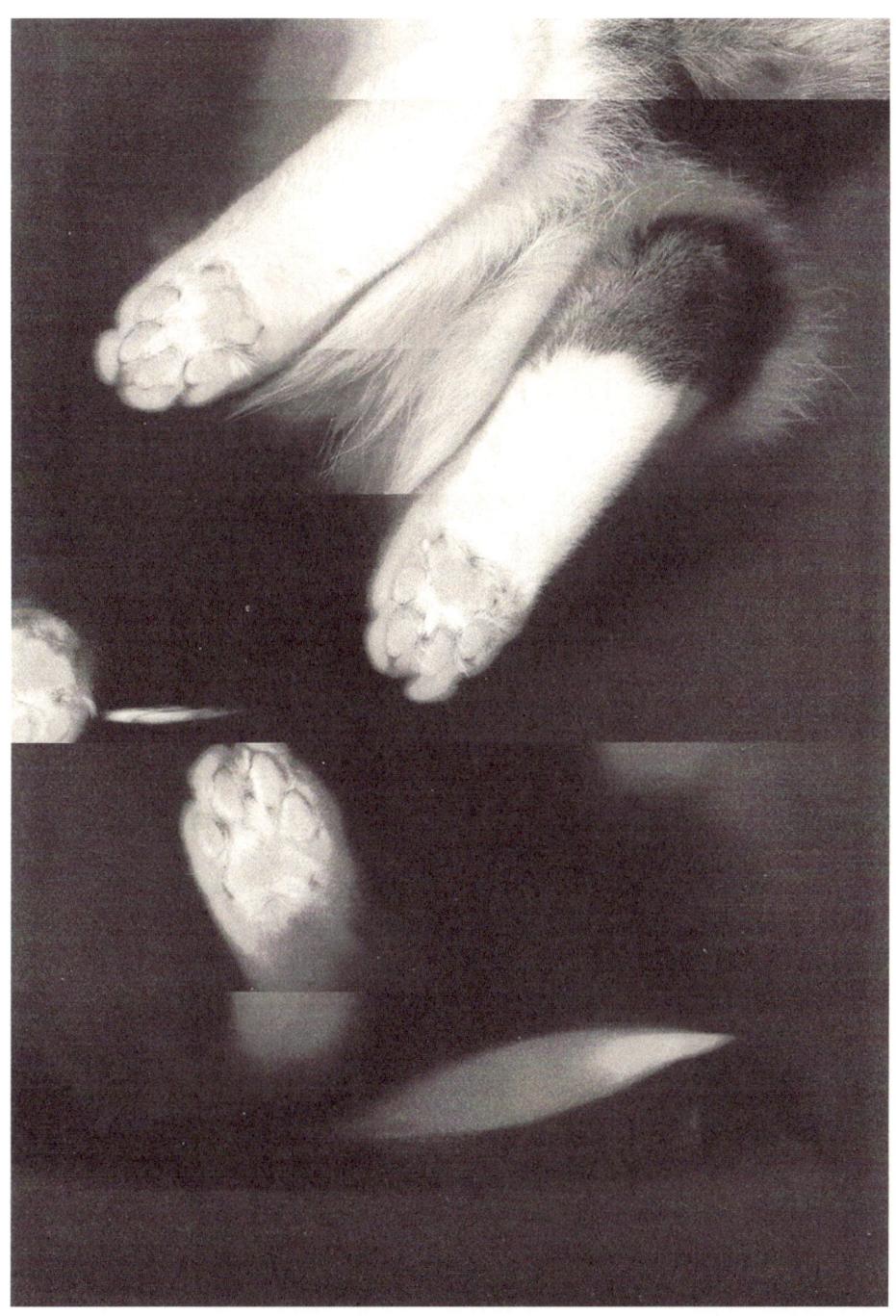

10. Schwierige Berufswahl oder Beim Tierarzt

Wenn's früh Abendbrot gibt, dann muss irgendeiner nüchtern sein am nächsten Morgen. Wir haben uns alle besorgt angeguckt, aber dann gab's extra lecker gekochtes Herzi für den Alfie, und wir wussten, dass dieses Mal er der Pechvogel sein würde.

Wobei man natürlich schon sagen muss, dass wir ganz tolle Tierärzte haben. Der Herr Doktor ist eher was für robuste Naturen wie mich, während Sensibelchen wie der Knopf oder das Brummie bei den beiden veterinären Damen besser aufgehoben sind. Wobei, robust sind die auch. Die Frau Doktor hat den Knopf damals hochgehoben, ihn scharf angeguckt und gesagt, ja, der ist wirklich sehr niedlich, aber man sieht ihm auf den ersten Blick an, dass er komplett plemplem ist.

Also, wir zu fünft zum Tierarzt. Für mich die übliche Vitaminspritze, das nehme ich gelassen, der Alfie sowieso. Die Agatha war sauer und wollte andauernd die Tür vom Transporter herausreissen, und der Oskar hat sich mal wieder fast ins Pelzchen gemacht. Knopf sagt grade, was hier "fast" heisst, aber lassen wir das.

Die Tierarztpraxis hatte grade Schnuppertag für Schülerinnen und Schüler. Die können da hingehen und bei den Untersuchungen dabei sein und überlegen, ob sie eventuell auch mal Tierärzte oder Praxisassistenten oder Kontrolleure von Dauerkarten im Zoo werden wollen. Vielleicht sollte man solche Schnuppertage vorher mit uns koordinieren. Es könnte sonst kontraproduktiv sein, ich mein ja nur.

"Du kannst die Katze hier mal wiegen", sagt die Frau Doktor, zeigt auf die Agatha und sucht nach der Spritze für die Impfung. Das Schnuppermädel sagt jööö, ist die aber süss, und die Agatha macht einen auf oberputzig und lässt sich ohne Probleme auf die Waage setzen.

"Dafür brauchen Sie aber Handschuhe", sagt das Flunkie, und deutet auf die Spritze.

"Ach, die ist doch so lieb", sagt das Schnuppermädel, und die Agatha schnurrt und wälzt sich auf dem Rücken. Ich ahne schon, uns steht die ganz grosse Show bevor. Das Flunkie denkt dasselbe und sagt nochmal, dass die Agatha Spritzen nicht mag, also wirklich nicht mag, also überhaupt und gar nicht und in keiner Form, und ob sie hier keine Falkner-Handschuhe haben?

Die Frau Doktor guckt komisch und sagt dem Schnuppermädel und der Assistentin, sie sollen die Agatha mal festhalten, und dann kommt sie mit der Spritze. "Zwei Dosen Lachsmousse auf Agatha", sagt der Knopf, aber ich schlage nicht ein, ich bin ja nicht doof.

Die Agatha sieht die Spritze, und verwandelt sich in Sekundenbruchteilen vom flauschig weissen Jööschmusebusi in einen tobsüchtigen, fauchenden und spuckenden Yeti. Sie hat plötzlich mindestens 60 Zähne, fährt die Krallen aus und legt die Ohren an. Das Schnuppermädel wird ganz blass und springt zurück, das Flunkie sagt, da haben wir's, und dann verlangt die Frau Doktor nach dem Wildkatzenkäfig.

"Nein, ist das peinlich", sagt der Knopf, "jetzt müsste man Fotos machen". Die Agatha wird trotz grosser Gegenwehr in den Käfig gesteckt - das Ding hat verschiebbare Seiten, so ähnlich wie die Höllenkammer in Edgar Allan Poe's "Das Pendel" - und die schiebt man dann zusammen, bis die Katze sich nicht mehr rühren kann, und dann wird gepiekt.

Inzwischen hockt der Oskar in der Ecke und jault die Götter an, was zusammen mit dem Gefauche von der Agatha schon ziemlich schauerlich klingt. Das Schnuppermädel guckt ganz verstört, schnappt sich den Alfie und hält sich an ihm fest. Der findet das super, muss aber leider niesen und rotzt die Arme von oben bis unten voll. Zum Glück trägt sie Brille, und die Haare kann man ja waschen.

"Die sind nicht immer so", versichert das Flunkie, aber ich denke, wir können davon ausgehen, dass das Schnuppermädel sich eher für eine Ausbildung im Detailfachhandel entscheiden wird.

Die Frau Doktor wischt sich den Schweiss von der Stirn. Der Alfie rotzt schon wieder.

"So, jetzt zu dir, " sagt sie. "Jetzt ziehen wir dir die Zähne!"

Der Alfie sagt quien no se arriesga, no gana, und da hat er ja auch Recht, aber lieber er als ich. Das Flunkie war ganz besorgt und im vollen Gluckenmodus; so ein kleiner Kater und so eine grosse Operation, aber ich habe gesagt, Flunkie, das ist ein baskischer Spitzenkater, der steckt das weg. Und natürlich hatte ich Recht; als wir ihn später abgeholt haben, war er schon wieder munter, allerdings noch etwas beschwipst und hat andauernd "Amada, ¿dónde estás?" gesungen. Die Frau Doktor hat dem Flunkie eine kleine Schale gezeigt, darin waren sicher zwanzig Zähne, total verfault und eklig und bäh. Das Flunkie wurde ganz grün um die Nase.

"Jetzt sind alle raus, " hat die Frau Doktor gesagt, "und wir haben ihm dann auch noch gleich die Nase gespült. Also, was da so rauskam - ich seh ja viel hier, aber da wurde mir richtig übel." Nun wurde die Frau Doktor grün um die Nase. "Er ist ja wirklich ein Lieber und Süsser, aber das war so...wäh!"

Das Flunkie hat gesagt, eher lässt sie sich selber alle Zähne ziehen, bevor sie uns nochmals alle mitnimmt zum Tierarzt, und es sei peinlich. Der Oskar hat sich dann schnell vor das Seelein gestellt, das er neben der Palme von der Frau Doktor hingesetzt hatte. Wenn's um das Flunkie geht, ist er immer sehr rücksichtsvoll.

Was soll ich sagen, die Operation war ein voller Erfolg. Alfie hat seine vorderen Vampir-Reisser noch und kann bei den Weibern entsprechend Eindruck schinden. Er ist ein ganz neuer, nur noch minimal rotzender und sehr lebendiger kleiner Kater. Das Flunkie sagt, er sei vorher wohl so ein Prinz Valium gewesen, weil er so grosse Schmerzen hatte, und es sei ja schön, dass er die nun nicht mehr hat und entsprechend munter ist, aber muss er deswegen mit der Agatha zusammen gleich den Katzenbaum runterreissen und das um vier Uhr früh?

Der Alfie ist nämlich ein richtiger Feger geworden. Klingen tut er zwar immer noch wie ein verstopftes Regenrohr, aber das liegt an diesen ganzen Verwachsungsdingern im Hals und lässt sich nicht ändern. Nachts sägt er ganze Wälder ab, und das Flunkie hat gesagt, jetzt wisse sie, warum im Baskenland so grosse Flächen versteppen würden. Brummie hat gesagt, wenn Alfie ihr noch einmal die Leckerlis klaut, dann zeigt sie ihn wegen vorsätzlicher Entwaldung bei Greenpeace an, und dann könne er sich auf was gefasst machen. Der Knopf hat nur gekichert und gesagt, das möchte er ja sehen, wie die unseren Katzenbaum besetzen und ein Transparent entrollen und das Lorchen in die offene See zurückschleppen.

Das fand das Lorchen natürlich gar nicht lustig und hat ihm eine runtergehauen. Ich weiss nicht, aber seit sie dieses Diätfutter kriegt, hat sie irgendwie keinen Sinn für Humor mehr.

11. Hilfe, Hilfe, Polizei! oder Unterwegs

"Flunkie, wo fahren wir denn hin?"
"Katzenhotel Mäuseschwanz, Charlie-Bub. Zehn Tage Ferienlager bei Frau Rudolf."
"Oh, fein!"
"Sind wir bald da?"
"Bald, Knopfi-Schatz."
"WAOUUUUUUUH WAOUUUUUUUH WAOUUUUUUUH!"
"Brummie-Kind, bitte reg dich nicht so auf."
"HILFE, HILFE, POLIZEI! ICH WERDE ENTFÜHRT! GEGEN MEINEN WILLEN FESTGEHALTEN! MAN HAT-"
"Lorchie-Mädchen, man kann es auch übertreiben."
"-MICH MEINER FREIHEIT BERAUBT! GEMÄSS §34 FF. DER GENFER KITTY KONVENTIONEN-"
"Lorchen, halt die Klappe."
"Geht's noch lange?"
"Knopf, sei nicht so ungeduldig."
"WAOUUUUUUUH WAOUUUUUUUH WAOUUUUUUUH!"
"Hier wird man noch wahnsinnig..."
"Sind wir schon da?"
"Knopf, du nervst."
"-DÜRFEN KATZEN NICHT GEGEN IHREN WILLEN IN TRANS-PORTKÖRBE GESTECKT UND IN EIN AUTO-"
"Lorchen! Ruhe!"
"Ich muss mal aufs Klo."
"Knopf!"
"Ich muss aber."
"WAOUUUUUUUH WAOUUUUUUUH WAOUUUUUUUH!"
"Es gibt keinen Gott."
"-GEPACKT WERDEN UND WIESO HAT AGATHA DAS ROSA KÖRBCHEN UND NICHT ICH?"
"Weil du zu dick für das rosa Körbchen bist, darum."
"DU BIST JA SO GEMEIN! HILFE, HILFE, POLIZEI, ICH WERDE HIER BELEIDIGT!"
"Was riecht denn hier so komisch...?"

"Jetzt habe ich in den Korb gepieselt. So, das hast du nun davon."
"Knopf, du kommst in die Wurst!"
""WAOUUUUUUUH WAOUUUUUUUH WAOUUUUUUUH!"
"BRUMMIE! HALT DIE KLAPPE!"
"WAOUUUUUUUUH WAOU - warum brüllst du denn so? Ich bin doch nicht taub."
"Im nächsten Leben nur noch Hamster."

12. Das Letzte oder Auf nach Walhalla

Heute war das Flunkie sauer. So richtig. Das haben wir daran gemerkt, dass sie keinen von uns einen Saubären genannt hat oder in die Wurst schnetzeln oder gegen einen Hamster tauschen wollte.

"Sowas", hat das Flunkie gesagt, und den Knopf ganz streng angeguckt, "sowas darfst du nie, nie wieder machen, Knopf."

Das war aber auch ein dickes Ding, was sich der Knopf da geleistet hat. Nämlich die Urne vom Bounce von der Kommode geholt. Schlimme Sache. Glücklicherweise ist nix passiert, denn die Urne ist gar keine solche, sondern eine memorabile Teedose aus Bronze, die anlässlich der "British Empire Exhibition 1924" hergestellt wurde. Solide britische Wertarbeit, und vorne ist ein Löwe drauf. Sie steht normalerweise neben der silbernen Schmuckdose mit der Emma drin. Das Ding ist mit rosa Samt ausgeschlagen und wird von zwei Figuren flankiert, die die ägyptische Katzengöttin Bastet darstellen. Grau-en-haft!

Also, weder die Asche vom Bounce noch seine Lieblingsmaus sind rausgefallen, dafür ist die solide britische Wertarbeit komplett verbeult, und der Löwe sieht jetzt aus wie der Hund von den kleinen Strolchen.

"Ich wollte doch nur spielen", hat der Knopf gemurmelt.

"Mit Bounce wird nicht gespielt", hat das Flunkie gesagt. Der Bounce war nämlich ihr allerbester Katzenfreund, und wir haben ihn alle furchtbar lieb gehabt. Das war eine ganz, ganz üble Geschichte damals; das Flunkie hat ihn gerettet und viele Monate um ihn gekämpft, aber am Schluss ist er dann doch gestorben. Das Flunkie hat erst wieder lachen können, als der Baby-Knopf hier angekommen ist. Aber das ist eine andere Geschichte.

"Warum darf ich denn nicht mit dem Bounce spielen?" hat der Knopf dann gefragt.

"Weil er tot ist, du Vollpfosten", hat das Lorchen gesagt. "Dann spielt man nicht mehr."

"Was ist 'tot'?"

"Na - tot", hat das Lorchen erklärt. "Nicht mehr da. Weg. So wie die Emma-Mama, erinnerst du dich?"

Der Knopf hat leicht verwirrt geguckt.

"Ich erklär dir das jetzt mal", hat das Brummie gesagt. "Wenn man tot ist, dann reitet man auf einem Einhorn über die Regenbogenbrücke und kommt in das wunderbare Land der beinlosen Mäuse, wo die Flüsse nur Sahne führen und Hunde keinen Zutritt haben."

"So ein Quatsch", hat das Lorchen gebrummt. "Regenbogenbrücke, beinlose Mäuse, Einhörner... wenn man tot ist, ist man weg, und das war's. Da kommt nix mehr. Also müssen wir jede Minute hier so richtig geniessen. Stimmt's, Charlie?"

Da haben sie mich alle ganz erwartungsvoll angeguckt. Immer diese Fragen, ich bin hier nur der Kater, nicht der Philosoph vom Dienst!

"Naja", habe ich dann gesagt, "ich weiss auch nicht, was da kommt, aber eins ist ganz klar, die Emma hätte sich weder lebend noch tot auf ein Einhorn gesetzt. Wenn überhaupt, dann ist sie auf einem sechsbeinigen Pferd nach Walhalla geritten, aber hallo!"

"Du erwartest jetzt aber nicht, dass diese Banausen wissen, wovon du redest", hat das Brummie gesagt und süffisant gegrinst.

Der Knopf ist zum Flunkie auf den Schoss geklettert, und sie hat ihm die Ohren gekrault. Da war er sehr erleichtert, auch wenn er natürlich ganz genau weiss, dass das Flunkie mit ihm nie länger als eine Minute böse sein kann.

"Du, Flunkie - weisst du, wo man hingeht, wenn man tot ist?"

Das Flunkie hat den Kopf geschüttelt.

"Tja, Knopfi-Bub, das weiss ich auch nicht. Das weiss keiner. Ich denke mir aber mal, man kommt an einen Ort, wo man so richtig glücklich ist. Oder wenigstens hoffe ich, dass das so ist."

Dann ist sie in die Küche gegangen, um sich einen Tee zu kochen. Lorchen und Brummie sind natürlich gleich hinterher, es könnte ja was zum Futtern geben.

Ich habe zur Kommode geschielt. Da sass der Bounce und grinste.

"Wo sie Recht hat, hat sie Recht", hat er dann gesagt, und dem Knopf zugezwinkert.

"Und nun schmeissen wir gemeinsam die Emma runter!"

Das haben sie dann auch gemacht, und es gab ein richtiges Donnerwetter. Wie gesagt, etwas ist immer.

Nachwort oder Danke!

Hat Euch dieses kleine Buch gefallen? Nein? Na, da kann man nix machen, sagt das Flunkie, schon gar nicht ohne Daumen.

Falls Ihr aber Spass hattet an unseren Abenteuern, dann würde es uns alle sehr freuen, wenn Ihr neben Euren Herzen auch Eure Geldbörsen öffnen würdet. Nur weil's uns hier gut geht, geht's anderen Tieren trotzdem schlecht, und das Flunkie sagt, dass man Leute, die Tieren helfen, unbedingt unterstützen muss.

Ich, der Knopf und das dicke Lorchen kommen von hier:
Tierheim und Tierschutzverein "Hoffnung für Tiere" e. V.
Röderhäuser 4
D-01900 Bretnig-Hauswalde, Landkreis Bautzen (Sachsen)
http://www.hoffnung-fuer-tiere.de

TSV Hoffnung für Tiere e.V.
Volksbank-Raiffeisenbank Dresden
Kontonummer: 4897931007, Bankleitzahl: 85090000
IBAN: DE18 8509 0000 4897 9310 07
BIC): GENO DE F1 DRS

Alfie wurde vermittelt durch:
Tierhilfe Miezekatze e. V.
Rathausstr. 8
D-65606 Villmar
https://www.tierhilfe-miezekatze.de - Online Spende

Danke allen Mitarbeiterinnen und Mitarbeitern der oben genannten Vereine für ihren selbstlosen und unermüdlichen Einsatz. You guys rock!

Und immer dran denken, Leute: Cool bleiben!

So, und das ist jetzt aber *wirklich* das Ende.